UNE MAITRESSE
BIEN AGRÉABLE

COMÉDIE-VAUDEVILLE EN UN ACTE,

PAR

MM. PAUL DE KOCK ET LAMBERT THIBOUST

Représentée pour la première fois, à Paris, sur le théâtre des VARIÉTÉS, le 15 novembre 1857.

PARIS
MICHEL LÉVY FRÈRES, LIBRAIRES-ÉDITEURS
RUE VIVIENNE, 2 BIS

1857

Distribution de la Pièce

GRATTOIR, vieux portier.............	MM. LECLÈRE.
ANTONY, jeune peintre..............	THIERRY.
COLLINET, jeune musicien............	RAYNARD.
CORBILLON, ancien fourreur..........	F. HEUZEY.
AUGUSTINE, jeune fleuriste...........	Mlles ALPHONSINE.
LUCIENNE, nièce de Corbillon.........	ROSE DESCHAMPS.
UN GARÇON RESTAURATEUR........	M. THÉODORE.

La scène est à Paris, chez Antony.

Toutes les indications sont prises de la gauche et de la droite du spectateur. Les personnages sont inscrits en tête des scènes dans l'ordre qu'ils occupent au théâtre. Les changements de position sont indiqués par des renvois au bas des pages.

UNE MAITRESSE BIEN AGRÉABLE

L'intérieur d'un atelier de peintre d'histoire : chevalets, tableaux en train, plâtres, études, etc., etc. A gauche, au second plan, un grand tableau commencé ; à droite, sur le devant, un divan ; sur ce divan, un mannequin habillé en vestale est gracieusement assis. Sur la gauche, une armure de chevalier, toute montée, avec le casque, etc. A droite, une portière qui cache l'entrée d'un cabinet ; au fond, l'entrée qui donne sur le carré. Au deuxième plan à droite, la porte de la chambre à coucher d'Antony ; à gauche, une fenêtre ; une table à droite entre les deux portes, chaises. Une console au fond, à droite.

SCÈNE PREMIÈRE.

GRATTOIR, seul.

(Il sort de la pièce à droite avec un balai et un plumeau sous son bras. Saluant à la cantonade.)

Oui, Monsieur, ça suffit ; vous pouvez causer tranquillement avec votre ami... s'il vient du monde, je dirai que vous n'y êtes pas... j'ajouterai même que vous êtes sorti, ça ne pourra pas faire mal. Voyons, il faut que je me dépêche de faire cet atelier... il paraît que M. Antony a envie de travailler aujourd'hui... ça ne lui arrive pas tous les jours... oh ! ces jeunes hommes !.. Tiens ! des bouts de cigare... (Il les ramasse et les met dans sa poche.) Je donne tout ça à mon épouse qui me les z'hache... ça me fait un maryland superfin... bigre ! je suis en retard aujourd'hui pour le ménage de M. Antony. Allons, vivement, un coup de plumeau sur cette armure... Dire que jadis les hommes portaient de ces choses-là, ils se bardaient de fer... Vous me direz qu'aujourd'hui ce sont les dames qui en mettent dans leurs jupes... Moi, je l'ai prohibé à mon épouse... j'ai dit à madame Grattoir : Laïde, si jamais, au grand jamais, tu es ferrée, toute intimité cesse entre nous... Dieu, que c'est sale par ici... j'ai pourtant balayé il y a trois jours.

SCÈNE II.

CORBILLON, GRATTOIR.

CORBILLON, l'air sombre, entrant vivement par le fond.

M. Antony, s'il vous plaît ?

GRATTOIR.

C'est ici... c'est son dom cile... vous êtes même dans son atelier.

CORBILLON, s'arrêtant devant le mannequin.

Une femme! quelle est cette femme?

GRATTOIR.

Ça!.. ce n'est pas une femme... c'est un mannequin... ça sert pour poser.

CORBILLON.

Vous êtes sûr que ce n'est qu'un mannequin?.. (Il va pour le tâter.)

GRATTOIR, l'arrêtant.

Ne touchez donc pas, Monsieur... on ne touche pas à ces choses-là... c'est défendu; vous pouvez défaire la pose ou un pli auquel M. Antony tient beaucoup.

CORBILLON, à part.

Je ne vois pas Edelmone... (Haut.) Et où est-il, votre M. Antony?..

GRATTOIR.

Monsieur, il n'y est pas dans le moment z'actuel.

CORBILLON.

Ah!.. il n'y est pas!.. (A part.) Si je pouvais faire jaser cet homme. (Haut.) Vous êtes son laquais?

GRATTOIR.

Son laquais! par exemple!.. je suis sa femme de ménage, Monsieur, et de plus, son concierge!..

CORBILLON.

Ah! vous êtes le portier de la maison... alors, vous voyez tout ce qui entre et qui sort?..

GRATTOIR.

C'est dans mes attributions.

CORBILLON.

Portier, voulez-vous gagner vingt sous?

GRATTOIR.

J'en aimerais mieux quarante!

CORBILLON.

Mes moyens me permettent d'aller jusque-là. Tenez, prenez! (Il lui donne une pièce de quarante sous.)

GRATTOIR, allant prendre une chaise à gauche*.

Ah! Monsieur... donnez-vous donc la peine de vous asseoir...

CORBILLON, refusant.

Merci.

GRATTOIR.

Alors... (Il s'assied.)

CORBILLON.

Comment vous appelez-vous?

GRATTOIR.

attoir... avec deux t. — Et vous?

* Grat. Corb.

CORBILLON.

Corbillon... avec deux *l*. — Eh bien, vieux Grattoir, vous voyez un homme bouleversé par la passion. En un mot je suis marié, et je suis jaloux!

GRATTOIR.

Tiens! je suis marié, aussi, moi! mais je ne suis pas du tout jaloux d'Adélaïde.

CORBILLON.

Ma femme est beaucoup plus jeune que moi; elle est jolie... elle est coquette... elle aime les artistes...

GRATTOIR, se levant.

Dame! quand ils ont du talent!

CORBILLON.

J'ai aussi une nièce qui n'a que quelques années de moins que ma femme... qui est jolie, étourdie... et que je veux marier avec un tanneur de mes amis...

GRATTOIR.

C'est un joli établissement pour une jeunesse!...

CORBILLON.

Et cependant, ma nièce refuse mon tanneur... elle a une amourette en tête... je la briserai... ma femme protége sa nièce, elle a une autre volonté... je la briserai aussi.

GRATTOIR, à part.

C'est un brise-tout que cet homme-là.

CORBILLON.

Mais le plus atroce... c'est que ma femme a une intrigue, et que c'est ici... dans cette maison, chez votre peintre, qu'on lui donne des rendez-vous.

GRATTOIR.

Ah! bah!... vous croyez...

CORBILLON.

J'en suis sûr! j'ai surpris une lettre adressée à Edelmone. (Il tire une lettre de sa poche.)

GRATTOIR.

Qu'est-ce que c'est que ça Edelmone?

CORBILLON, froissant la lettre.

Ma femme. Et dans cette lettre, savez-vous ce que l'on y met?

GRATTOIR.

Non, monsieur Corbillon. — Qu'y met-on?

CORBILLON, lui donnant la lettre.

Lisez.

GRATTOIR, lisant.

« Chère et tendre amie... »

CORBILLON.

Insolent!

GRATTOIR.

« Je t'adore, comme à l'ordinaire, pour deux... »

CORBILLON.

Polisson!

GRATTOIR.

« Confie-toi à ma flamme. C'est chez mon ami, Antony, le « peintre, que je connais, que je te conduirai. . »

CORBILLON.

Donc, c'est ici!

GRATTOIR.

« Tâche de venir me rejoindre passage Verdeau... où j'en « prendrai un sucré, en t'attendant. — Je ne signe pas pour « que tu saches bien que c'est moi qui t'écris. »

CORBILLON, reprenant la lettre et la froissant avec rage.

Ah! le gredin !... quel dommage qu'il n'ait pas signé!... et sur l'adresse : « à madame, madame Corbillon, rue Papillon. » C'est bien ma femme!

GRATTOIR, riant et lui tapant sur le ventre.

Ah ! ah! mon petit père, je crois que vous en pincez!

CORBILLON.

Portier... répondez maintenant... avez-vous vu venir ici une femme jeune... taille élancée... formes arrondies... de grands yeux bleus, tirant sur le vert... une démarche d'andalouse.

GRATTOIR.

Dame, Monsieur, vous concevez... chez un peintre, il vient tant de monde...

CORBILLON.

Et ce M. Antony, ce peintre... est-il joli garçon?

GRATTOIR.

Pas mal! il a été vacciné...

CORBILLON, à part.

Si c'était lui. (Haut.) Ah! Grattoir! Grattoir! je suis bien malheureux! (Il le presse dans ses bras en pleurant.)

GRATTOIR, pendant que Corbillon l'embrasse, à part.

En voilà un rasoir! quel gêneur!

CORBILLON.

Tu es heureux, toi, portier... ta femme ne t'a jamais trompé?

GRATTOIR.

Eh! mon Dieu ! Monsieur, j'ai découvert que si... (avec indifférence.) mais il y avait si longtemps!...

CORBILLON, remontant.

Portier, je m'en vais... mais je reviendrai plus tard!

GRATTOIR *.

Monsieur est libre !..

CORBILLON.

Ne dites pas que je suis venu !.. gardez le secret... je compte sur vous ! vous êtes à moi.

GRATTOIR, à part.

S'il croit que j'y serai longtemps pour quarante sous...

CORBILLON.

Surveillez les femmes qui viennent ici... et faites leur photographie.

* Corb. Grat.

GRATTOIR.

Ah ! permettez, Monsieur, c'est pas mon état ! adressez-vous aux frères Nadar !

CORBILLON.

Air du *Poupard*.

Je vous ai bien payé, j'espère :
Portier, vous devez me servir.
Sinon, redoutez ma colère,
Si vous veniez à me trahir !

GRATTOIR, à part.

Ce Monsieur n' connaît pas l'usage !
De sa femm' quand on est jaloux,
Pour l'empêcher d'être volage,
On donn' plus de quarante sous.

ENSEMBLE.

CORBILLON.

Je vous ai bien payé, etc.

GRATTOIR, à part.

Ne v'là-t-il pas un' belle affaire :
C'était pas la pein' de venir.
Je me moque de sa colère,
J' vas pas m' gêner pour le servir.

(Corbillon sort par le fond.)

SCÈNE III.*

GRATTOIR, puis ANTONY et COLLINET.

GRATTOIR, seul.

En v'là un drôle de pistolet ! ah ! il est jaloux ! et il croit me suborner avec quarante sous ! et une pièce fausse, peut-être..... elle est si terne ! (Il l'examine.)

ANTONY. Il sort de la chambre à droite, avec Collinet*.

Je te dis, Collinet, que tu es absurde !..... enlever une jeune fille, c'est très-risqué..... ça se fait dans les pièces de théâtre, mais jamais à la ville.

COLLINET.

Mais, quand je te répète que je n'ai que ce moyen pour devenir le mari de Lucienne... le but est moral, ça suffit !

ANTONY.

Tu es fou ! — Père Grattoir, est-il venu du monde pour moi ?

GRATTOIR.

Du monde... oui, Monsieur..... c'est-à-dire..... non, il n'est venu personne. (A part.) C'est pas la peine que je parle de c't autre !

* Grat. Ant. Col.

ANTONY.

Augustine n'est pas venue ?

GRATTOIR.

Ah ! Monsieur sait bien que si mademoiselle Augustine était venue, il n'y aurait pas eu de consigne pour elle..... elle s'en fiche pas mal..... on peut dire ça à Monsieur..... elle briserait les portes plutôt que de ne pas entrer. (A part.) Je m'en vas faire mon carré du second en batifolant. (Il sort par le fond.)

COLLINET, à Antony.

Quel drôle de bonhomme que ton portier !

SCÈNE IV.

ANTONY, COLLINET.

COLLINET, allant à Antony qui est allé devant son tableau.

Veux-tu une cigarette ?

ANTONY.

Oui.

COLLINET, la lui donnant et regardant le tableau.

Tiens, c'est gentil... ça vient bien.

ANTONY.

Tu trouves ?

COLLINET.

Oui. — Ah çà ! tu es donc toujours amoureux de cette petite fleuriste ? Une liaison qui dure depuis un an... prends garde... tu finiras par une mairie... sérieuse !

ANTONY, riant.

Ah ! ah ! quelle plaisanterie ! mon cher, Augustine est jalouse, emportée, capricieuse ; pour un rien, elle me fait des scènes ridicules ; enfin, elle me rend très-malheureux !

COLLINET.

Eh bien ? (Il fait une autre cigarette.)

ANTONY.

Eh bien, un beau matin, elle voudra faire fortune.... comme les autres... et elle disparaîtra... d'elle-même... naturellement.. sans que je lui dise ce mot terrible : « N-i-ni... fini. — Allez-vous-en ! »

COLLINET.

Pristi ! comme tu prends des mitaines ! je ne t'ai jamais vu comme cela avec aucune femme !

ANTONY, préparant sa palette.

Mon bon Collinet, Augustine était ma voisine quand j'avais mon atelier rue de Navarin, et un jour... tiens... après mon concours pour le prix de Rome... je rentrai avec la fièvre... le délire... Ça n'est pas gai, un malade... aussi, mes amis m'abandonnaient.

COLLINET.

Moi, j'étais chez ma mère, à Amiens.

ANTONY.

Oui, mais moi, qui n'ai pas de mère à Amiens... (Avec sentiment.) qui n'en ai même nulle part... j'étais seul à Paris... et très-mal... quand Augustine, ma rieuse voisine de mansarde, s'installa à mon chevet.

COLLINET.

Et les femmes ont un chic pour vous soigner!... C'est comme ça qu'elles se cramponnent dans votre existence, les malheureuses!

ANTONY.

Air : *En vérité je vous le dis.*

La nuit, le jour, à mon chevet,
Et luttant avec la souffrance,
L'amour me rendait l'epérance,
Quand l'amitié m'abandonnait.
Les chansons de la pauvre fille
Me rendaient courage et santé...
Et de l'artiste sans famille
C'était la sœur de charité.

COLLINET.

Oui... mais elle a un caractère impossible! (Ils allument leurs cigarettes.)

ANTONY, travaillant.

Oh! pour ça, oui... c'est une vraie furie. Chaque jour je me dis : Il faut en finir... et lorsque j'entends craquer sa bottine dans l'escalier, malgré moi, mon cœur bat... et je vais ouvrir... Ah!... ces liaisons-là... c'est l'enfer. — Tu as raison de te marier, va.

COLLINET.

N'est-ce pas! je serai tranquille... et puis, mademoiselle Lucienne a 50,000 francs... ce qui me permettra de faire des petits reports. — Madame Corbillon, sa tante, est pour moi. Ainsi, Lucienne viendra ici... tu la cacheras chez toi, seulement le temps d'attendre le retour de mon parrain... ce soir, c'est chez lui que je l'installerai. C'est convenu? dis...

ANTONY, lui serrant la main en riant.

Puisque le but est moral... j'accepte. (On entend chanter en dehors.)

ANTONY.

Voilà Augustine... pas un mot de tout ceci devant elle... elle verrait là-dedans des infidélités, des trahisons, que sais-je!

COLLINET.

Compris! (Il passe à gauche.)

SCÈNE V.

LES MÊMES, AUGUSTINE, entrant par le fond.

AUGUSTINE *.

Bonjour, mon petit Antony.

ANTONY.

Bonjour, Titine!

COLLINET.

Toujours guillerette!

AUGUSTINE.

Toujours!...

Air de *Croquefer* (M. OFFENBACH).

Boute en train,
Sans chagrin,
Et vivant d'un refrain,
Oui, voilà, mes amis,
La grisette de Paris.

REPRISE ENSEMBLE.

AUGUSTINE.

Frétillon, bon garçon!

COLLINET et ANTONY.

Bon garçon!

AUGUSTINE.

Je suis, foi de grisette,
Douce comme un mouton.

COLLINET et ANTONY.

Un mouton!

AUGUSTINE.

Fidèle et pas coquette...
Mais que mon amant
Inconstant
Agisse en escogriffe,
Alors,
Je le mords,
Je le tords,
Je le griffe!
Boute en train,
Sans chagrin,
Et vivant d'un refrain.

ENSEMBLE.

Oui, voilà, mes amis,
La grisette de Paris!

* Col. Aug. Ant.

AUGUSTINE, à Antony.

Tu m'attendais, n'est-ce pas? tu t'ennuyais de ne pas me voir... T'ennuyais-tu de ne pas me voir?

ANTONY.

Tiens, demande plutôt à Collinet si je ne lui parlais pas de toi.

COLLINET.

C'est vrai, nous devisions de vous tout à l'heure, Mademoiselle.

AUGUSTINE.

Ah! nous devisions! ce genre! et vous disait-il qu'il m'adorait, qu'il voudrait se périr pour moi? Voyons, soyez franc, ne mentez pas... vous le disait-il?

COLLINET.

Il ne me disait pas absolument cela, mais, ça y ressemblait beaucoup.

AUGUSTINE.

Ah! d'ailleurs, vous ne diriez pas le contraire... les hommes s'entendent si bien pour nous tromper! (A Antony.) Mais toi, tu m'aimes, mon bibi! tu ne doutes pas de ta petite Augustine, n'est-ce pas, Arthur?

COLLINET.

Tiens! tu t'appelles donc Arthur, à présent? je t'avais toujours nommé Charles, de ton petit nom.

AUGUSTINE.

Oui, mais je déteste les Charles... tous les garçons de café s'appellent Charles.

ANTONY.

Et Antony?

AUGSTINE.

Ah! il tue sa maîtresse, c'est canaille! Mon ami, tu ne sais pas, tu vas être bien content aujourd'hui, je ne me sens pas du tout, du tout, du tout envie de travailler; alors, j'ai envoyé promener le magasin et je vais passer toute la journée avec toi.

ANTONY, regardant Collinet.

Ah! diable!

COLLINET, à part.

Quelle tuile!

AUGUSTINE, à part.

Qu'est-ce qu'ils ont donc à se regarder entre eux? (Haut à Antony.) Est-ce que ça t'ennuie?

ANTONY.

Non.

AUGUSTINE.

Si ça t'ennuie, dis-le!

ANTONY, passant au milieu.

Mais non... mais non. (Bas à Collinet.) Je sortirai et je l'emmènerai.

AUGUSTINE *.

Vous parlez bas à Monsieur, voilà qui est poli!... Comment, il s'agit donc entre vous de choses que je ne puis pas entendre? Dites donc, si je vous gêne, Messieurs, je m'en vais.

ANTONY.

Allons! voilà autre chose!

COLLINET, à Augustine en riant.

Ah! que vous êtes bête!

AUGUSTINE.

Comment! je suis bête... Dites donc, monsieur Collinet, est-ce que nous avons gardé... les *vaches landaises* ensemble?

ANTONY.

Mais, ma chère amie...

AUGUSTINE.

Vous me laissez insulter par vos amis..... (Frappant du pied.) C'est une infamie!... (Avec éclat.) Et vous ne lui ordonnez pas de me faire des excuses?

ANTONY, bas à Collinet.

Voyons, je t'en prie!... fais-lui des excuses. (Augustiné s'assied sur le divan.)

GOLLINET.

Mais...

ANTONY, bas.

Je t'en supplie... pour moi.

COLLINET, avec effort, passant près d'Augustine.

Mademoiselle, je vous fais des excuses.

AUGUSTINE **.

Je m'en moque pas mal de vos excuses... Est-ce que vous vous imaginez que parce qu'un imbécile comme vous me trouvera bête, ça me fera quelque chose! Vous ne vous êtes pas levé assez matin, mon petit.

ANTONY, s'interposant ***.

Voyons, voyons!

COLLINET.

Je me sauve, car on m'attend chez moi... J'ai trois leçons de piano à donner ce matin. A revoir, cher ami. (Bas.) A bientôt, tu seras seul! (Il remonte.)

AUGUSTINE, à part, se levant.

Ils ont encore chuchoté!

Air : *Ah! l'honnête homme!*

ANTONY et COLLINET, part****.
Chut! du mystère!

AUGUSTINE, à part.
Ce mystère...

* Col. Ant. Aug.
** Ant. Col. Aug.
*** Col. Ant. Aug.
**** Ant. Col: Aug.

ANTONY et COLLINET, à part.
Il faut nous taire.

AUGUSTINE, à part.
M'exaspère!
Ils sont d'avance
De connivence,
D'intelligence...
Ah! quel vaurien!

ENSEMBLE.

AUGUSTINE.
Ils sont d'avance
De connivence,
D'intelligence...
Ah! quel vaurien!

ANTONY et COLLINET.
Oui, du silence,
De la prudence,
Et, je le pense,
Tout ira bien.

(Collinet sort par le fond en saluant Augustine.)

SCÈNE VI.

ANTONY, AUGUSTINE.

AUGUSTINE.

Vous savez que je ne l'aime pas du tout, votre M. Collinet!.. ces pianistes sont tous des coureurs! ils reçoivent des femmes qu'ils font... pianoter... et vous allez chez lui... vous savez pourtant que cela me déplaît... c'est une très-mauvaise connaissance que vous avez là!

ANTONY.

Ma chère Augustine, tu ne t'aperçois pas que tu en dis autant de tous mes amis .. si je t'écoutais, je me brouillerais avec chacun d'eux... le musicien reçoit des chanteuses, le statuaire a des modèles... le fabricant emploie des ouvrières... il n'est pas jusqu'aux auteurs que tu me défendes, sous prétexte qu'ils connaissent des actrices.

AUGUSTINE.

Je te permettrais ceux-là, si tu me laissais suivre ma vocation pour le théâtre, car j'ai une vocation, vois-tu, je ne suis pas née pour faire des fleurs, vois-tu... je suis une petite Frédérik Lemaître en herbe, vois-tu.

ANTONY.

Ah! bon! voilà la tocade qui te reprend!

AUGUSTINE.

Pourquoi m'empêches-tu de me mettre au théâtre?

ANTONY.

Pourquoi? Parce que... voilà... il me semble que c'est suffisant!

AUGUSTINE.

Tu crains que je ne fasse trop de conquêtes? Est-ce que je pourrais en aimer un autre que toi!,. Tu es si gentil... tiens! tu t'es fait couper les cheveux! Pourquoi? je vous l'avais défendu...

ANTONY.

Il faisait très-chaud, et ma foi...

AUGUSTINE.

Vous vous êtes fait friser!.. mazette!.. Vous ne me direz pas que c'est à cause de la chaleur.

ANTONY.

Coupe et frisure, trente centimes... ça n'est pas la peine de s'en passer.

AUGUSTINE.

Vous avez des intentions, c'est clair!.. il y a une femme sous jeu. Tout à l'heure vous avez chuchoté avec Collinet.

ANTONY.

Encore!

AUGUSTINE.

Mais je saurai tout... je vous confondrai...

ANTONY, à part.

Dire que je n'ai plus le droit de me faire friser!

AUGUSTINE, voyant un paletot qui est sur le dossier du divan.

Que vois-je? un paletot neuf... doublé en soie!.. Antony, vous me trompez.

ANTONY *, passant à droite.

Ah! c'est trop fort!.. mais ce paletot, je voulais l'étrenner ce soir avec toi, à la fête de Sceaux.

AUGUSTINE, avec joie.

Tu voulais me mener au bal?.. ah! pardonne-moi, mon bibi, pardonne à ta petite Titine!.. oh! le bal! les polkas, les lanciers, les pistons, les verres de couleur... Oh! que je suis contente!.. que je suis contente!..

ANTONY, à part.

Ah! quel type!..

AUGUSTINE.

Air de *Croquefer* (M. Offenbach).

A la danse,
Déjà je m'élance;
La gaîté,
En liberté,
Règne aux bals d'été. } (*bis, ensemble.*)
Je n'aurai que toi pour danseur;
Bayadère,
Je veux que ma danse légère
Sache plaire,

* Aug. Ant.

Et charmer le cœur
Mêm' de l'inspecteur...
Ah!

ENSEMBLE.

A la danse,
Déjà je m'élance, etc.

(Ils dansent sur la reprise. — Grattoir, qui vient d'entrer par le fond, danse aussi et exécute une pose gracieuse dans le groupe final.)

ANTONY, à Grattoir *.

Qu'est-ce que vous faites-là, vous?

SCÈNE VII.

Les mêmes, GRATTOIR.

GRATTOIR, deux lettres à la main.

Monsieur, c'est des lettres que mon épouse avait reçues pour vous.

ANTONY.

C'est bien!.. (En les prenant il fait signe au portier qu'il a eu tort de les lui donner devant Augustine. Bas.) Maladroit!.. devant elle!..

GRATTOIR, à demi-voix.

Ah! ma foi, je ne l'ai pas vue monter... j'avais la tête dans le plomb.

AUGUSTINE.

Hein! qu'est-ce que c'est?

GRATTOIR.

Je demande à Monsieur s'il déjeunera ici... parce qu'alors j'irai chercher le déjeuner.

ANTONY, passant près d'Augustine.

Non, non, je vais sortir.

GRATTOIR, à part **.

Mam'zelle Rabatjoie!.. Ah ben! si Laïde prenait ce ton-là au vis-à-vis de moi!.. qué salade, mon Dieu!.. qué salade!..

AUGUSTINE, le regardant sortir et passant à gauche, à part ***.

Hum! vieille cruche!.. (Haut.) Eh bien! vous ne lisez pas ces lettres?..

ANTONY, arrangeant les plis du mannequin.

Oh! je me doute à peu près... des gens qui vous offrent des sujets de tableaux.

AUGUSTINE.

Ou des femmes qui vous donnent des rendez-vous... Voulez-vous que je lise pour vous?..

ANTONY.

C'est inutile!.. (Il décachette une lettre et lit. Augustine se penche sur

* Ant. Grat. Aug.
** Grat. Ant. Aug.
*** Aug. Ant.

son épaule.) « Monsieur, permettez-moi de vous offrir un sujet de tableau historique, et qui, je crois, n'a jamais été traité... C'est Guillaume Tell visant la pomme sur la tête de son fils... » Ah! charmant!..

AUGUSTINE, riant.

Il sort d'une boîte ce monsieur-là!.. (Antony retourne à son mannequin.)

AUGUSTINE, le suivant.

Et l'autre?

ANTONY, passant à gauche.

L'autre?..

AUGUSTINE, le suivant toujours*.

Il y en a une autre.

ANTONY.

Ah! oui... j'oubliais...

AUGUSTINE.

Mais, moi, je n'oublie pas.

ANTONY, ouvrant l'autre lettre.

« Mon cher peintre, je suis blonde, j'ai vingt ans, de beaux yeux bleus, les épaules magnifiques... une taille de nymphe... si tout cela pouvait vous convenir dans un modèle... » Mais certainement que cela me convient... Parbleu!.. c'est justement ce que je cherchais pour finir mon grand tableau.

AUGUSTINE, fondant en larmes.

Gnin!.. gnin!.. gnin!..

ANTONY.

Allons, bon!.. qu'est-ce qu'il y a encore?

AUGUSTINE, pleurant.

Vous allez prendre un modèle!.. est-ce que je ne suis pas là? (S'asseyant sur le divan.) Gnin!.. gnin!..

ANTONY.

Ma chère amie, quoique tu sois très-gentille, je ne puis pas mettre la même personne dans toutes mes compositions... ça n'aurait pas le sens commun... d'ailleurs, cette fois, c'est pour le torse que je veux faire poser.

AUGUSTINE.

Pour le torse, n'avez-vous pas votre mannequin?

ANTONY.

Te moques-tu de moi?.. un mannequin, c'est pour les draperies, mais, à un artiste, il faut la nature, ma chère!..

AUGUSTINE, repleurant.

Et moi, je ne veux pas que vous fassiez poser la nature, je vous le défends.

ANTONY.

Ah! c'est trop fort! je suis peintre ou je ne le suis pas... à un peintre, il faut des modèles, et j'en aurai!

* Ant. Aug.

AUGUSTINE, se levant et passant à gauche.

Ah! vous en aurez!.. très-bien! je leur cède la place, alors *... mais ne croyez pas que je sois votre dupe... cette femme qui vous écrit... sous prétexte de poser, vous la connaissez, c'est une nouvelle maîtresse... c'est avec elle que vous deviez aller au bal de Sceaux. . Ah! depuis quelque temps je m'apercevais bien que vous n'étiez plus le même avec moi, et les chuchoteries avec votre Collinet... c'est de cette femme que vous parliez...

ANTONY, qui s'est assis sur le divan.

Décidément, ma chère, tu deviens folle, tu n'as pas le sens commun.

AUGUSTINE.

C'est ainsi que vous me traitez! monstre! perfide! Eh bien! vous serez cause de ma mort, je me détruirai!

ANTONY.

Oh! nous la connaissons, celle-là.

AUGUSTINE.

Non, je ne veux plus d'une existence qui m'est insupportable! (Elle court à la fenêtre qu'elle ouvre toute grande.)

ANTONY, faisant un mouvement d'effroi et se levant.

Ah! mon Dieu!

AUGUSTINE, mettant sa main au dehors et de son ton ordinaire.)

Tiens, il pleut... et moi qui n'ai pas de parapluie!...

ANTONY, à part.

Sapristi!... que je suis bête!... je m'y laisserai toujours pincer!.....

AUGUSTINE, revenant à lui.

Non, je ne me tuerai pas... vous n'en valez pas la peine, mais je m'en vais, je pars... je vous dis adieu pour toujours... vous entendez, Monsieur, pour toujours.

ANTONY.

Oh! j'entends très-bien!

ENSEMBLE.

Air des *Enfants terribles.*

AUGUSTINE.

Adieu, monstre abominable!
Cette fois, c'est pour toujours,
Que le malheur vous accable!
Qu'il empoisonne vos jours!

ANTONY.

Une maîtresse semblable,
D'honneur, abrège mes jours...
C'est par trop insupportable!..
Frissons-en pour toujours!

(Augustine sort vivement par le fond, en jetant à la volée un carton de gravures qui est sur un fauteuil, à droite de la porte du fond.)

* Aug. Ant.

SCÈNE VIII.

ANTONY, puis GRATTOIR.

ANTONY, seul.

Ah !... c'est à prendre les femmes en haine !... et pourquoi cette querelle ? si je la trompais, encore ! je dirais : Elle se fâche pour quelque chose... mais je suis assez bête pour ne pas la tromper... car je l'aimais, ce démon... oh ! mais, cette fois...

GRATTOIR, entrant par le fond *.

Monsieur, en s'en allant, mam'zelle Augustine a cassé le porte-manteau pour battre les habits.

ANTONY.

C'est bien !

GRATTOIR.

C'est cinq francs, Monsieur.

ANTONY, les lui donnant.

Les voilà !

GRATTOIR.

Merci, Monsieur. (Voyant les gravures à terre.) Bon ! il paraît que le coup de vent a passé par ici ! (Il ramasse les gravures et les remet en place.)

ANTONY.

Oh ! qu'elle casse !... qu'elle brise !... mais ce sera la dernière fois... je ne la verrai plus !

GRATTOIR.

Faites excuse, Monsieur, mais v'là au moins une quarantaine de fois que j'entends dire ça à Monsieur... et, le lendemain, je vois toujours revenir mam'zelle Augustine !

ANTONY.

Grattoir, si elle revient maintenant, vous direz toujours que je n'y suis pas.

GRATTOIR.

Monsieur sera-t-obéi.

ANTONY.

Et vous l'empêcherez de s'installer ici.

GRATTOIR.

Oui, Monsieur... si je le puisse. — Ah ! je suis content que Monsieur ait rompu la paille ! — Moi, dans ma jeunesse, je n'aimais que les femmes du monde... parce que les grisettes... on s'acoquine... et on gâche sa position !..

ANTONY, avec impatience.

C'est bon !

GRATTOIR.

Et puis, faut-il l'avouer à Monsieur..... cette femme-là aurait fini par me faire tomber les cheveux !

* Ant. Grat.

ANTONY.

Ah! j'oubliais!.. Collinet va amener sa Lucienne... Père Grattoir, courez chez Bonnefoi, commandez un joli déjeuner pour trois... ce qu'il y aura de mieux... allez ! (Il s'assied près du chevalet.)

GRATTOIR.

Oui, Monsieur... je vole... (A part, avec un certain orgueil.) Ah!.. quand j'étais l'amant de la vicomtesse!.. (Il sort par le fond.)

ANTONY, seul.

Travaillez donc, après des scènes comme cela... qui vous bouleversent, vous agitent... il n'y a pas moyen... ma main tremblerait... est-ce qu'un artiste devrait aimer... c'est stupide !

SCÈNE IX.

ANTONY, COLLINET.

COLLINET, entrant par le fond.

Ah ! tu y es, bravo... bravissimo !

ANTONY.

Eh bien !... et ta Lucienne ?..

COLLINET.

Elle va venir... tu comprends, il faut qu'on attende que le tyran.... le Corbillon soit parti. (Regardant autour de lui.) Et Augustine ?..

ANTONY, se levant.

Envolée... une nouvelle scène... une scène ridicule... cette fois la paille est rompue!.. tout est fini entre nous... Augustine ne remettra plus les pieds ici.

SCÈNE X.

Les mêmes, AUGUSTINE, puis GRATTOIR.

(Augustine entre vivement par le fond et cherche à terre sans dire un mot.)

COLLINET, à part.

Là !

ANTONY, à part *.

Qu'est-ce qu'elle fait ?

AUGUSTINE, passant à droite.

Pardon, Monsieur, certainement je croyais bien ne pas revenir, mais j'ai laissé ici une grosse épingle à tête qui m'est très-utile, et je ne vois pas pourquoi je vous en ferais cadeau.

COLLINET, à part**.

Boum ! j'en étais sûr!

* Ant. Aug. Col.
** Ant. Col. Aug.

ANTONY.

Vous revenez pour chercher une épingle?

AUGUSTINE.

Pourquoi pas ? une épingle à tête qui retient les chapeaux... elle est longue comme ça !

COLLINET.

C'est un tourne-broche, alors.

AUGUSTINE, à part, passant à gauche.

Ma présence les contrarie... je ne m'en irai pas*. (Haut.) Je crois que je me suis assise par ici. (Elle feint de chercher, en repassant à droite.)

COLLINET, bas à Antony **.

C'est une balançoire que son épingle.

ANTONY, bas.

J'en ai peur... et si ta Lucienne venait...

COLLINET, ramassant une petite épingle qu'il présente à Augustine.

Tenez, Mademoiselle, c'est sans doute cela ?

AUGUSTINE.

Eh ! non, Monsieur, je vous dis : « Une grosse épingle, » et vous me présentez un camion !

COLLINET.

Excusez, je ne suis pas fort sur la quincaillerie.

AUGUSTINE, à Antony, en passant près de lui ***.

Je suis désolée de vous gêner... car je vois bien que je vous dérange... mais je vous débarrasserai de moi dès que j'aurai retrouvé mon épingle. (Elle passe à gauche.)

ANTONY, bas à Collinet ****.

Elle ne la retrouvera jamais !...

GRATTOIR, entrant brusquement par le fond *****.

Monsieur, le déjeuner fin est commandé, et dans un instant...

ANTONY, bas à Grattoir.

Taisez-vous donc, imbécile !...

GRATTOIR, apercevant Augustine, à part.

Ah ! mam'zelle casse-tout est revenue... J'ai fait z'un impair !..

AUGUSTINE.

On a parlé d'un festin... ah ! je saurai... (Elle marche un peu et feint de faire un faux pas.) Ah ! mon Dieu ! ah ! quelle douleur ! je ne peux plus marcher ! (Elle se laisse aller sur une chaise que lui présente Grattoir.)

ANTONY.

Qu'avez-vous donc ?

AUGUSTINE.

Vous n'avez pas vu... mon pied vient de tourner... je me suis donné une entorse... Ah ! que j'ai de mal !

* Aug. Ant. Col.
** Ant. Col. Aug.
*** Ant. Aug. Col.
**** Aug. Ant. Col.
***** Aug. Grat. Ant. Col.

GRATTOIR.

Je m'en vas vous chercher un *siau* d'eau de puits.

AUGUSTINE.

Non !...

ANTONY.

Je vais vous envoyer un médecin.

COLLINET.

Avec des sangsues !

AUGUSTINE.

Oh ! c'est inutile...

COLLINET, à part.

Balançoire numéro deux... contrefaçon du Barbier de Séville.

AUGUSTINE.

J'espère qu'avec un peu de repos et en ne bougeant pas...

ANTONY, bas à Grattoir.

S'il venait une petite dame voilée, faites en sorte qu'Augustine ne la voie pas ! (Il remonte.)

GRATTOIR, bas.

Très bien... compris...

COLLINET, bas *.

Fourrez-la plutôt dans la fontaine.

GRATTOIR, bas.

Au frais... convenu ! (Collinet remonte.)

AUGUSTINE, à Antony, qui met son paletot et prend son chapeau **.

Vous sortez ?

ANTONY, allant à elle ***.

Oui, j'ai affaire... viens-tu, Collinet ?

AUGUSTINE, à part.

Ils complotent !... ils complotent !...

ENSEMBLE.

Air de *Deux vieilles gardes* (Delibes).

ANTONY ET COLLINET.

Jusqu'au revoir, restez donc en ces lieux,
Et votre pied en ira mieux ;
Soignez-vous bien, surtout ne bougez pas,
Car vous pourriez faire un autre faux pas.

AUGUSTINE.

Jusqu'au revoir, je reste dans ces lieux ;
Croyez-le bien, quand j'irai mieux,
Je partirai, car je vois trop, hélas !
Que je vous cause ici de l'embarras.

GRATTOIR, aux jeunes gens.

Soyez tranquill's, je reste dans ces lieux ;
Grâce à mes soins, elle ira mieux.

* Aug. Ant. Grat. Col.
** Aug. Col. Ant. Grat.
*** Aug. Ant. Col. Grat.

(A Augustine.)
Soignez-vous bien, surtout ne bougez pas,
Car vous pourriez faire un autre faux pas.
(Les jeunes gens sortent par le fond, en faisant des signes au portier.)

SCÈNE XI.

AUGUSTINE, GRATTOIR, puis UN GARÇON RESTAURATEUR.

AUGUSTINE, se levant vivement. Je saurai où il va!.. (Marchant dans la chambre.) Oui, je le saurai... car il ne sera pas dit que je serai toujours trompée, trahie, abandonnée!

GRATTOIR.

Tiens! tiens!.. eh bien! dites donc, l'entorse... il paraît que ça va mieux?

AUGUSTINE, passant à droite.

Est-ce que tu avais donné là-dedans... vieux pot?..

GRATTOIR, à part *.

Pimbèche!

AUGUSTINE.

Ah! ma tête se monte!... c'est ce petit drôle de Collinet qui m'a dérangé mon Antony. Je tuerai Collinet... ensuite, je poignarderai Antony... ensuite, je m'empoisonnerai... ensuite... (Elle repasse à gauche.)

GRATTOIR **.

Ah! mon Dieu! est-ce qu'elle ne va pas s'arrêter?

UN GARÇON TRAITEUR, entrant par le fond, avec une manne sur la tête ***.

Voilà le déjeuner commandé pour M. Antony. (Il dépose sa manne à terre.)

AUGUSTINE, à part.

Un déjeuner! ah! c'est différent... je reste alors.

GRATTOIR, à part.

Diable! on ne m'a rien dit pour ça. (Haut.) C'est bon! mettez tout sur la table. (Il apporte la table au milieu.)

LE GARÇON, mettant le couvert.

Il y a pour trois, ainsi que vous l'avez commandé.

AUGUSTINE, passant près de Grattoir ****.

Ah! on a demandé pour trois... voyez-vous, on attendait quelqu'un.

GRATTOIR.

Mam'zelle, pardon... c'est moi qui ai demandé pour trois, parce que il y a des jours où M. Antony a une faim de loup.

Air de *Voltaire chez Ninon.*

Quand un peintre est en appétit,
C'est étonnant tout ce qu'il mange.

* Grat. Aug.
** Aug. Grat.
*** Aug. un garç. Grat.
**** Un garç. Aug. Grat.

AUGUSTINE.

Ne te tourmente pas l'esprit :
Va, je ne prendrai pas le change...
Quand je dînais ici surtout
Les repas étaient plus modestes...

GRATTOIR.

Mamz'ell', j'ai demandé beaucoup,
Parc' que mon épouse a les restes...
Et tous deux nous mangeons les restes.

(Augustine repasse à gauche.)

LE GARÇON, qui a fini *.

Voilà !

AUGUSTINE, examinant le garçon, à part.

Ce garçon a une figure bien jeune ; serait-ce une femme déguisée ?

LE GARÇON.

On sera content, c'est soigné ! (Il sort par le fond, en emportant sa manne et après avoir reculé le chevalet.)

AUGUSTINE, regardant le couvert.

Mais oui, rien n'y manque... un repas de bonne fortune... ça se trouve bien, moi qui n'ai mangé que huit sous de galette ce matin. (Elle se met à table.)

GRATTOIR.

Eh bien ! dites donc, vous vous mettez à table, à présent ? Je croyais que vous vouliez vous poisonner ?

AUGUSTINE, mangeant.

Des rognons au vin de Champagne !.. des côtelettes de chevreuil !.. je les adore ! Des écrevisses bordelaises !... c'est ma passion !

GRATTOIR, voyant des crevettes.

Et de la salicoque !... j'en suis fou !.. (Il mange des crevettes.) Il paraît que tout est à votre goût... comme c'est heureux ! mais quand M. Antony reviendra, s'il ne trouve que les épaves de son déjeuner..

AUGUSTINE.

Je voudrais bien voir qu'il se permît de dire quelque chose !.. Un homme à qui j'ai tout sacrifié.. et qui en récompense me trompe... me rend malheureuse... car, vois-tu, vieux Grattoir, je suis une pauvre petite femme bien malheureuse ! (Elle mange.)

GRATTOIR.

Heureusement que ça ne vous a pas encore ôté l'appétit !...

AUGUSTINE.

Il y a des jours où je voudrais me périr ! c'est très-bon, ça ! Grattoir, versez-moi à boire.

GRATTOIR.

Voilà, mam'zelle. (Il verse.) Voulez-vous de l'eau ?

* Aug. un garç. Grat.
** Aug. Grat.

AUGUSTINE.

Oh! j'aime beaucoup l'eau... (Retirant son verre.) mais ça me fait mal... le vin pur convient mieux à mon petit estomac... Portier, je vous permets de boire à ma santé... mais pas à celle du traître.

GRATTOIR, se versant du vin.

Soyez tranquille! je vais boire à la mienne.

AUGUSTINE.

Ah! quels monstres que les hommes!

GRATTOIR.

Que vous avez bien raison!... nous sommes un tas de gredins!

Air : *Deux aveugles.*

Quelle folie,
Femme jolie,
Dans cette vie,
De s'attendrir!

AUGUSTINE.

Dans ton jeune âge,
Fuis l'esclavage,
Car le plus sage
C'est le plaisir!

GRATTOIR.

Prendre un amant,
Un inconstant...

AUGUSTINE.

C'est un tourment
De chaque instant!

GRATTOIR, buvant.

A Cupidon, don, don, don!

AUGUSTINE, buvant.

A Cupidon, don, don, don!

GRATTOIR.

Ce vin est bon, bon, bon, bon!

AUGUSTINE.

Ce vin est bon!

ENSEMBLE.

GRATTOIR.

Drin! drin! drin! drin! etc.

AUGUSTINE.

Quelle folie, etc.

AUGUSTINE, jetant sa serviette, se levant et passant à droite *.

Je n'ai plus faim... il est sorti avec Collinet. Je vais visiter tous les cafés où ils vont jouer aux dominos... mais non! Oh! ce n'est pas le double six qui l'occupe en ce moment... c'est une femme... celle qui lui a écrit... ce soi-disant modèle. Ah!

* Grat. Aug.

ma tète bout! mon esprit travaille!... il faudra bien que je le trouve, ce perfide! mais je poignarderai Collinet!... (Mettant toutes les écrevisses dans ses poches.) Grattoir, vous direz à M. Antony que je ne le reverrai jamais!.. entendez-vous?.. jamais!... jamais!.. jamais!... (Elle remonte.)

GRATTOIR.

Dites donc... vous avez chipé toutes les écrevisses!

AUGUSTINE.

Jamais!!! (Elle sort par le fond.)

GRATTOIR.

Comment, jamais?... il n'en reste plus!...

SCÈNE XII.

GRATTOIR, seul, regardant sur la table.

Elle n'a pas mangé tous les rognons, je vas les achever.. puisqu'elle a commencé, c'est pas trop la peine d'en laisser.... (Il se met à table.) Et puis, si on me bougonne, je dirai que c'est elle qui a tout avalé... (Il mange et boit.) C'est singulier, quoique ça, de former une liaison d'agrément... qui ne vous procure que du désagrément!... (Riant.) hé! hé! hé! (Avec éclat et se levant, une bouteille à la main.) Moi aussi, j'ai vu des femmes qui se traînaient à mes pieds, en me disant : Oscar, je t'aime!... (Criant à tue-tête.) Eh bien! je le déclare à la face du globe et de la société!... je ne crois pas à la vertu des femmes!... non, mon Dieu!... je ne crois pas à la vertu des femmes!!!...

Air de *La Fête du village voisin.*

Je ne crois plus à ce sex' qui nous mène,
En nous app'lant : Mon chouchou! mon bibi!
Quand, autrefois, j'étais trahi,
Je pleurais comme un' born' fontaine.
Un jour, tout chagrin,
J' m'ai dit : T'es t'un s'rin!..
Et c'est dans l' p'tit vin
Que j'ai noyé ma peine!
Depuis ce temps-là;
Mon plaisir, le v'là!
(Il montre la bouteille.)
Le bruit du bouchon,
Pon, pon, pon, pon, pon, pon!
D' l'aï, du médoc,
Tic-tac, tic-tac, tic-toc,
Le parfum si doux
Et les jolis glougloux,
Voilà de mes jours,
Pour toujours,
Les amours!

(Il boit à même la bouteille et se met à table. Lucienne entre par le fond, sans le voir.)

SCÈNE XIII.

GRATTOIR, LUCIENNE.

LUCIENNE, entrant timidement et avec précaution.

Ah! ce doit être ici.. la portière m'a bien indiqué cette porte.. un atelier... ce doit être cela.

GRATTOIR, chantant, en élevant son verre.

Buvons, amis, fussent-ils mille,
A tous les bourgeois de la ville!..
(Il boit.)

LUCIENNE, se retournant.

Du monde!... (S'approchant de Grattoir.) Monsieur..... (Plus fort.) Monsieur...

GRATTOIR, se levant vivement, à part.

Une jeune dame!... sans doute celle que M. Antony attend. (Il salue.)

LUCIENNE, à part.

Peut-être le parrain de M. Collinet!... (Haut.) Pardon, Monsieur, suis-je bien ici chez M. Antony?...

GRATTOIR.

Oui, Mademoiselle. (A part.) Ce doit être une demoiselle. (Haut.) Et je présume que c'est Madame qu'il attend. (A part.) C'est peut-être une dame! C'est étonnant comme elle ressemble à la vicomtesse!...

LUCIENNE.

Est-ce qu'il n'y est pas?

GRATTOIR.

Non... Madame... il est sorti avec son ami Collinet.

LUCIENNE.

Avec M. Collinet... et pourquoi donc ne m'ont-ils pas attendue?...

GRATTOIR.

Ah! parce que... (A part.) Je ne peux pas lui dire que c'est à cause de l'autre qui les embêtait. (Haut.) Une affaire de conséquence... mais M. Antony a bien recommandé que vous ne vous laissiez pas voir s'il venait du monde.

LUCIENNE.

Oh! je le sais... il faut de la prudence... si on me trouvait ici... (Elle voit le mannequin.) Ah! mon Dieu... il y a quelqu'un...

GRATTOIR, passant près du divan *.

Oh! ne craignez rien... cette femme-là ne dira rien... elle est z-en foin... c'est un mannequin! (Il rit.) Hé! hé! hé!

LUCIENNE, regardant autour d'elle.

Ah! que c'est drôle, ici!... et ces toiles... peut-on regarder?

GRATTOIR.

On peut toujours regarder... sauf à fermer les yeux ensuite.

* Luc. Grat.

LUCIENNE, avisant une toile accrochée au mur du fond à gauche et sur laquelle est un homme à tête de cerf.

Ah! un cerf! comme c'est bien fait!

GRATTOIR.

C'est vrai... il est parlant, d'autant plus que c'est pas un cerf comme un autre celui-là... c'est... Actéon... c'est ce farceur d'Actéon.

Air de l'*Apothicaire.*

Pour avoir vu Diane au bain,
En costume... de chasseresse,
En cerf il fut changé soudain :
Il avait lorgné la déesse...
(Lucienne remonte à droite, en regardant les tableaux.)
(A part*.)
Les dam' ont plus d'un Actéon,
Qui les lorgn'nt pour la moindre chose...
Mais c'est à leurs maris, dit-on,
Qu'arrive la métamorphose.

(Regardant sur la table.) Tiens, v'là des olives que j'vas porter à mon épouse... elle les aime pochées... (Il met les olives dans sa poche.) Et puis, v'là un poulet que j'vas aussi empocher... (Il introduit le poulet dans sa poche et se met à chanter à tue-tête :

En vérité, l'on saurait bien des choses,
Si le bon Dieu faisait parler les fleurs.

(A Lucienne.) Mam'selle, j'ai bien l'honneur de vous saluer... (A part.) Quel faux air de la vicomtesse!... (Il sort par le fond.)

LUCIENNE, le regardant sortir.

Le singulier parrain!...

SCÈNE XIV.

LUCIENNE, seule.

Seule, chez quelqu'un que je connais à peine... je suis bien fâchée que ma tante ne soit pas montée avec moi... mais son mari est si jaloux !

AUGUSTINE, en dehors.

Je vous dis que je veux monter et je monterai.

GRATTOIR, en dehors.

Mais puisqu'il n'y a personne chez M. Antony.

AUGUSTINE.

Vous mentez! (Bruit d'un soufflet.)

GRATTOIR, en dehors.

Ah! non d'un p'tit bonhomme!... quelle giffle!

LUCIENNE, effrayée.

Mon Dieu! ce bruit... quelqu'un vient ici... où me cacher?... (Voyant la seconde porte à droite.) Ah!... dans cette chambre... et,

** Grat. Luc.

pour plus de sûreté, ôtons la clef. (Elle entre à droite, retire la clef et ferme la porte sur elle.)

SCÈNE XV.

AUGUSTINE, puis GRATTOIR.

AUGUSTINE, seule. Elle entre par le fond, au moment où la porte de droite se referme.

Ah! on ne veut pas que je monte... il y a quelqu'un ici... une femme est cachée dans cette chambre... (Elle va à droite.) Plus de clef à la porte.. et elle y était tantôt... ah! vous avez beau vous cacher, ma mie... (Allant décrocher un fleuret au fond à gauche et faisant des armes.) Mais, sortez donc, Madame, si vous n'êtes pas une lâche!... tenez... une, deux, trois... (Au moment où elle se fend, Grattoir, qui entre par le fond, reçoit un coup dans le derrière.)

GRATTOIR, poussant un cri *.

Grand Dieu!... je suis blessé!

AUGUSTINE, avec calme.

Dame! fallait mettre un masque.

GRATTOIR.

Un masque! Est-ce que nous sommes en carnaval?... (Il s'assied sur une chaise, au fond, à droite, et se relève aussitôt.) Aïe! ah! Madame... qu'avez-vous fait? (Criant.) Laïde!... Laïde!... prépare quelque chose... ton chéri a été touché!... (Il sort par le fond.)

AUGUSTINE, seule.

Le brigand!... (Elle jette à terre des statuettes qui sont sur la console du fond à droite.) Tiens!... les voilà, tes vieux plâtres!.. Si je pouvais confondre mon infidèle... le surprendre avec elle!.... Ah! oui.. ma vengeance serait complète! voyons, il faudrait trouver le moyen de rester ici sans être vue! (Elle regarde de tous côtés.) Ah! ce mannequin.... si je prenais sa place.... il a un voile sur la figure, cela me servira.. (Elle prend le mannequin.) Mais où vais-je fourrer cette dame? (Voyant la portière de droite.) Ah! là... dans le cabinet des modèles... (Elle secoue le mannequin.) Ah! Madame, que vous êtes lourde! tant pis, j'en viendrai à bout. Là, maintenant, à ma toilette... (Elle entre dans le cabinet de droite avec le mannequin. — Pendant cette scène, la nuit est venue peu à peu. — Corbillon entre avec précaution par le fond.)

SCÈNE XVI.

CORBILLON, puis AUGUSTINE.

CORBILLON, entrant dans l'atelier.

M'y voici!... (Regardant autour de lui.) Personne!... à la faveur de la nuit qui étend ses voiles, on ne m'a pas vu monter... j'ai filé devant les portiers qui du reste ne regardaient pas du tout dans l'escalier.... Ils étaient en train de dévorer un poulet... Ma femme est sortie et n'est pas encore rentrée..... j'ai été la

* Aug. Grat.

demander chez toutes nos connaissances..... nisco !.... elle doit être ici, puisque c'est ici qu'on lui donne des rendez-vous ! — Mais, je ne quitterai plus cet atelier sans avoir retrouvé Edelmone. O mon épouse !..... si vous vous êtes permis..... si vous avez osé... je me vengerai !... comment ?... je n'en sais rien... mais je me vengerai !...

AUGUSTINE, en vestale, sortant du cabinet de droite *.

Chut ! pas si haut, donc !

CORBILLON.

Qu'est-ce que c'est que ça ?... le mannequin !..

AUGUSTINE.

Non, mais une maîtresse jalouse qui a pris sa place pour confondre son infidèle ; je vous ai entendu... vous cherchez votre femme, elle est ici.

CORBILLON, passant à droite **.

Où cela ? où cela ? que je la pulvérise !

AUGUSTINE.

Probablement dans cette chambre dont on a retiré la clef.... eh bien ! pour la surprendre, pour être certain de sa trahison.. enfin pour être tout à fait sûr.... de votre affaire, faites comme moi... cachez-vous dans quelque chose...

CORBILLON.

Idée lumineuse !... mais dans quoi ?... ô ciel !.. dans quoi ?

AUGUSTINE, montrant l'armure.

Tenez... dans cette armure..... il y a un casque, une visière, vous la baisserez et vous verrez tout sans être vu.

CORBILLON, allant examiner l'armure ***.

Vous croyez que je tiendrai là-dedans... c'est que je suis très-bel homme !

AUGUSTINE, l'aidant à mettre la cuirasse à laquelle tiennent les cuissards.

Allez donc..... on en mettrait deux comme vous là-dedans.... mais dépêchez-vous, on peut venir.

CORBILLON.

Voilà les cuissards..... à présent les brassards.... le casque.... (Il achève de mettre l'armure, avec l'aide d'Augustine.)

AUGUSTINE, l'aidant.

Les hommes ne savent rien faire... (Après lui avoir posé le casque surla tête.) Allez ! vous y voilà... et tenez cette masse d'arme à vore main. (Elle lui donne une masse d'arme.)

CORBILLON.

Ça me serre beaucoup... ça m'étrangle même.

AUGUSTINE.

C'est ce qu'il faut. (Lui baissant la visière.) Cachez votre pif !...

CORBILLON.

J'étouffe là-dessous...,

* Corb. Aug.
** Aug. Corb.
*** Corb. Aug.

AUGUSTINE.

Tant mieux!... chut! j'entends monter l'escalier, ne bougez pas...

CORBILLON.

Ah! bigre! on n'est pas à son aise là-dedans.

AUGUSTINE.

Et moi à mon poste... (Elle court se placer sur le divan.)

SCÈNE XVII.

LES PRÉCÉDENTS, GRATTOIR.

(La nuit est venue; Grattoir entre par le fond tenant un bougeoir allumé. — Musique à l'orchestre.)

GRATTOIR, regardant autour de lui *.

Personne! mam'zelle Augustine est peut-être partie pendant que je me faisais panser par mon épouse... Aïe! Laïde croit l'avoir vue sortir... mais l'autre... la personne qui attendait... elle ne peut pas être partie... (Il remonte.)

AUGUSTINE, à part.

Nous la verrons, celle-là.

CORBILLON, à part.

C'est Edelmone!

GRATTOIR, se retournant.

Hein? de quoi? c'est drôle... je croyais avoir entendu parler... Un atelier... c'est joli dans le jour... quand il fait du soleil... mais la nuit... ces mannequins, ça me produit toujours un effet désagréable!

AUGUSTINE, à part.

Ah! c'est comme cela! attends, vieux scélérat! (Elle se lève et se tient debout sur le divan.)

GRATTOIR, en passant devant Augustine; il la regarde tout surpris.

Ah! le mannequin qui est debout!... je jurerais qu'il était assis, ou plutôt couché sur ce divan... Comment ça se fait-il?...

CORBILLON, à part.

Cette masse est d'une lourdeur désagréable. (Il change sa masse de main.)

GRATTOIR, remarquant ce mouvement.

L'homme en fer qui a changé son n-hache de main!... (Il se retourne et aperçoit Augustine, qui s'est rassise sur le divan.) Sapristi!... couchée!... Elle est couchée à présent!... (Cherchant à surmonter sa frayeur.) Bah!... j'ai la berlue... (Allant à la table.) Tiens, tiens, il reste encore du vin! ça me remettra... (Il pose son bougeoir sur la table, prend la bouteille et boit à même en chantant :)

Vive le vin!
Vive ce jus divin!..

CORBILLON.

Vieux pochard!...

Corb. Grat. Aug.

GRATTOIR, reposant vivement la bouteille.

Hé !... on a parlé !... il y a de l'écho ici... (Tirant sa pipe de sa poche.) Grillons-en une !... (Il s'approche de la console du fond à droite et avise un pot de tabac.) Le caporal à M. Antony... il n'y verra que du feu... (Il se met à bourrer sa pipe.)

AUGUSTINE.

Vieux filou !

GRATTOIR, avec terreur.

Ah ! pour le coup, on a parlé !... il y a des revenants !... (Corbillon éternue.) L'homme en fer qui éternue !... (Augustine qui s'est relevée lui pose les deux mains sur les épaules.) Qui est-ce qui me tient là ? (Se retournant et voyant Augustine.) Au voleur !... au voleur !... (Il se sauve à gauche *. — Corbillon laisse tomber sa masse d'arme sur le pied de Grattoir.) Aïe ! au secours ! à la garde !... (Antony entre par le fond, une lumière à la main. Augustine s'est remise sur le divan.)

SCÈNE XVIII.

LES MÊMES, ANTONY.

ANTONY, entrant vivement.

Eh bien ! qu'y a-t-il donc ? (Il pose sa lumière sur la console. Le jour se fait, la musique cesse **.)

GRATTOIR, courant à Antony ***.

Ah ! Monsieur, vos mannequins changent de place... Votre homme en fer vient de m'estropier avec son n-hache.

ANTONY.

Elle se sera détachée !

GRATTOIR.

Et la vestale ne reste pas une minute en place... elle ne fait que se lever et s'asseoir... c'est comme une femme *tomate.*

ANTONY, examinant Augustine.

Mais vous rêvez ! il n'est pas possible que... (A part.) Oh ! ce pied... je le reconnais... c'est celui d'Augustine... Ah ! on veut m'espionner ! c'est trop fort !

SCÈNE XIX.

LES MÊMES, COLLINET, puis LUCIENNE.

COLLINET, entrant par le fond ****.

Victoire !... madame Corbillon nous unit !

CORBILLON.

Ah !... (Il veut faire un pas et tombe sur le dos de Grattoir.)

* Grat. Corb. Aug.
** Grat. Corb. Ant. Aug.
*** Corb. Grat. Ant. Aug.
**** Corb. Grat. Col. Ant. Aug.

GRATTOIR, jetant les hauts cris.

Aïe! encore l'homme en fer qui m'attaque. (Se débattant.) Voulez-vous me lâcher!.. voulez-vous me lâcher!.. (Corbillon ôte son casque.) Tiens! l'homme aux quarante sous!

COLLINET.

M. Corbillon!

CORBILLON, passant près de Collinet *.

Oui... et je viens réclamer mon épouse ci-incluse.

LUCIENNE, sortant de la chambre à droite **.

Mais vous vous trompez, mon oncle!

CORBILLON.

Ma nièce... c'était toi!.. mais cette lettre écrite à ma femme!

ANTONY.

C'est à Lucienne qu'elle s'adressait.

COLLINET, à Corbillon, passant près de lui ***.

Et vous ne pouvez plus me refuser sa main... votre tanneur a mangé ses cuirs.

ANTONY, à Augustine, qui est toujours immobile sur le divan.

Cette pose doit bien vous fatiguer, Augustine... ôtez donc ce voile... (Il le soulève.)

AUGUSTINE, baissant les yeux.

Mon ami, je te jure..... (Elle se lève et ôte son costume de vestale, qu'elle jette sur le divan.)

GRATTOIR, la voyant.

Tiens, c'était... (Riant.) Ah! ah! ah!... (Il donne une tape sur la cuirasse de Corbillon et remonte. — Corbillon passe près de sa nièce et Collinet l'aide à se débarrasser d'une partie de son armure.)

ANTONY, à Augustine ****.

Toujours de l'espionnage!.. Ah! tenez, Augustine, vos scènes continuelles me rendent la vie insupportable... en voilà assez!.. je vous laisse libre... et je prétends l'être aussi.

AUGUSTINE, émue.

Alors, vous me chassez?... c'est donc ça de l'amour?...

ANTONY.

Votre amour était de la tyrannie!

GRATTOIR, redescendant près d'Antony, bas *****.

Soyez énergique, jeune homme... ou vous ratez votre avenir. (Il remonte et passe à l'extrême droite.)

AUGUSTINE, à Antony.

Ça suffit... on s'en ira.... mais, si j'ai été méchante, colère, taquine, jalouse, c'est parce que je vous aimais trop.. Monsieur, cent fois trop!...

* Grat. Corb. Col. Ant. Aug.
** Grat. Corb. Luc. C. Ant. Aug.
*** Grat. Corb. Col. Luc. Ant. Aug.
**** Grat. Col. Corb. Luc. Ant. Aug.
***** Col. Corb. Luc. Grat. Ant. Aug.

ANTONY.

Je vous conseille d'aimer moins alors...

AUGUSTINE.

C'est bien... je pars... (Elle remonte, puis, au moment de sortir, s'arrête et redescend*.) Comment, Monsieur, vous ne me retenez pas ?.... Mais pourtant, si je ne peux pas cesser de vous voir, moi !...

ANTONY.

Il faudra bien vous y habituer.

AUGUSTINE.

Eh bien ! non !... je ne m'y habituerai pas !... je serai toujours sur vos pas !... je vous suivrai partout... partout !...

ANTONY.

Oh ! c'est trop fort !...

AUGUSTINE.

C'est comme ça !... Oui, vous me trouverez au bal, au spectacle, à votre gargot... chez votre coiffeur...

ANTONY.

Ah ! sapristi !... je trouverai bien un moyen de vous empêcher de me suivre !

AUGUSTINE.

Non... il n'y en a pas !...

ANTONY.

Si !...

AUGUSTINE.

Non !

ANTONY.

Si !

AUGUSTINE.

Non !...

ANTONY.

Je t'épouse !

AUGUSTINE.

Tiens, c'est vrai, il y a celui-là !... Ah !... je me trouve mal !... non, je me trouve bien !...

GRATTOIR, à part.

Au fait, comme ça il en est débarrassé.

ENSEMBLE.

AIR de *Croquefer* (M. OFFENBACH).

Plus d'ennuis,
Plus de soucis,
Pour rester bons amis,
Deux amants trop jaloux
N'ont qu'à devenir époux.

AUGUSTINE, au public.

Je ne veux plus avoir...

* Col. Corb. Luc. Aug. Ant. Grat.

TOUS.

Plus avoir...

AUGUSTINE.

Mon vilain caractère ;
Et même dès ce soir...

TOUS.

Dès ce soir...

AUGUSTINE.

Je veux tâcher de plaire.

GRATTOIR, au public.

Mais contre l'auteur,
Par malheur,
Si quelqu'un se rebiffe,
Craignez sa fureur...
Elle pince, elle griffe !!...

AUGUSTINE, de même.

Soyez bons et gentils,
Montrez-vous nos amis ;
Et vite un coup de main...
Je serai sage demain.

ENSEMBLE REPRISE.

Plus d'ennuis,
De soucis, etc.

FIN.

LAGNY. — Imprimerie de VIALAT.

www.ingramcontent.com/pod-product-compliance
Lightning Source LLC
LaVergne TN
LVHW050504160826
845677LV00003B/929